EINLEITUNG

Bunkerschläge, Schräglagen und andere Schwierigkeiten

In einer Golfrunde wird der Spieler häufig mit verschiedenen Schwierigkeiten konfrontiert – von Lagen im Sand oder Wasser, tiefem Rough, im Wald oder dichtem Buschwerk bis hin zu den unterschiedlichsten Schräglagen.
Ein Teil der Faszination des Golfspiels liegt darin, den Ball aus diesen scheinbar unlösbaren Lagen zu befreien und erfolgreich an sein Ziel zu bringen. Es ist daher für den Spieler wichtig, über die folgenden Fähigkeiten zu verfügen.

Analysieren der Ballage

Auswählen der richtigen Flugkurve (verändertes Flug-Roll-Verhalten)

Überprüfen des Schwungraums (Schwungmenge und stabile Standposition)

Wahl des richtigen Schlägers

Passender Schwungablauf

Geht der Spieler mit klarem technischen Verständnis und gleichmäßigem Schwung an die schwierigen Schläge heran, wird der Ball zum Ziel gelangen und der Spieler gleichzeitig immer mehr an Selbstvertrauen gewinnen.

BUNKERSCHLAG

BUNKERSCHLAG

Bunkerschlag

Der Bunkerschlag in einem Grünbunker ist ein Annäherungsschlag, bei dem der Schläger keinen direkten Kontakt mit dem Ball hat. Der Schläger taucht ca. 4 bis 5 cm vor dem Ball in den Sand ein und schlägt dabei eine Handvoll Sand in Richtung des Grüns. Der Ball fliegt auf einer Art Sandkissen zur Fahne. Dieser Schlag wird als Explosionsschlag bezeichnet. Durch das starke Abbremsen des Schlägers beim Eintauchen in den Sand wird der Schlag erheblich gedämpft. Ein voller Schwungablauf ist erforderlich. Ein wichtiges Merkmal eines erfolgreichen Bunkerschlags ist ein ruhiger und rhythmischer Schwungablauf. Bei einer Entfernung von bis zu 40 m sollte der gewählte Schläger eine Sand-Wedge sein. Diese verfügt über eine spezielle Sohlenkonstruktion (Bounce), deren Vorderkante höher als die Hinterkante ist. Diese Eigenschaft verhindert, daß der Schläger sich zu tief in den Sand gräbt. Bei einer stärker aufgedrehten Schlagfläche verstärkt sich der Abpralleffekt aus dem Sand. Durch den vergrößerten Schlagflächenwinkel (Loft) bekommt der Ball eine höhere Flugbahn und bleibt nach dem Auftreffen auf dem Grün schneller liegen. Bei Bunkerschlägen aus 50 m Entfernung oder mehr (Fairway-Bunkerschläge) sollte die Schlagfläche erst den Ball treffen und dann den Sand berühren. Durch den losen sandigen Untergrund ist die Standfestigkeit eingeschränkt, was den Spieler zu einem ruhigen Schwungablauf zwingt. Es empfiehlt sich, einen Schläger zu wählen, der ein bis zwei Schlägernummern niedriger ist als der, den man im Gras wählen würde.

Anleitung

Das Übungsziel ist, die besonderen Eigenschaften und Merkmale eines Bunkerschlags zu verstehen und sie dann auf die jeweilige Situation zu übertragen. Bevor man beginnt, mit Bällen zu üben, sollte man erst einige Schwünge ohne Ball durchführen – mal mit leicht und mal mit stark geöffneter Schlagfläche. Dies bietet die Möglichkeit, zunächst ein Gefühl dafür zu entwickeln, wie stark der Schwung sein muß, um die erforderliche Sandmenge bei trockenem oder nassem Sand in Richtung des Grüns zu schlagen. Durch das Verändern der Schlagfläche bekommt man Vertrauen in die optische Veränderung der Schlägerstellung und somit letztlich für den Schlag. Es sollte schon außerhalb des Bunkers mit einigen rhythmischen Schwüngen begonnen werden, um beim Schlag am Ball sicher zu sein, einen harmonisch ruhigen Schwung durchführen zu können.

Die Eigenschaften der Sand-Wedge

- Schlagflächenwinkel (Loft) zwischen 56° und 60°.
- Abprallwinkel (Bounce) zwischen 14° und 18°.
- Hinterkante und Vorderkante bilden den Bounce.

Lie

- Schlägerschaftwinkel (Lie) ist gleich dem Winkel einer Pitching-Wedge.
- Steifer Schlägerschaft.

Verschiedene Schlagflächenstellungen

Griffposition bleibt gleich

1. Schlagfläche steht rechtwinklig (square) zum Ziel.
2. Schlagfläche leicht rechts des Ziels ausgerichtet (geöffnet).

3. Schlagfläche ist stark rechts des Ziels ausgerichtet (geöffnet).

Frontal-/ Seitenansicht im flachen Bunker

Entfernung zur Fahne 10 – 15 m

- Schulterbreite Standposition einnehmen. Dabei muß der Ball zwischen Standmitte und Höhe der linken Ferse liegen.
- Griffende zeigt auf einen Punkt etwas links des Bauchnabels.
- Hände umschließen die Griffmitte in neutraler Position.
- Schlagfläche ist leicht geöffnet.
- Körpergewicht zu 80 % auf das linke Bein verlagern.

- Ruhig ausholen.
- Eine dreiviertel Ausholbewegung ausführen und dabei die Handgelenke früh anwinkeln.
- Gewicht auf dem linken Bein belassen.

- Ruhig zum Ball zurückschwingen.
- Den Schlägerkopf 4–5 cm in den Sand eintauchen lassen.
- Der Schlägerkopf wird durch den Sand geschwungen, wobei der linke Arm und der Schlägerschaft eine gerade Linie bilden.
- Linker Handrücken zeigt noch kurz nach dem Treffmoment zur Fahne.
- Körperdrehung vollenden und den Schläger in Ruhe ausschwingen lassen.

Seitenansicht im flachen Bunker

- Standlinie auf einen Punkt 1 – 2 m links der Fahne ausrichten.
- Hände werden in Griffmitte plaziert.
- Schlagfläche ist leicht rechts der Fahne ausgerichtet (geöffnet).

- Normal nach innen verlaufende Ausholbewegung ausführen.
- Eine Handvoll Sand in Richtung des Grüns schlagen.
- Körper dreht auf das linke Bein.
- Schwung läuft ruhig und rhythmisch aus.

Frontal- / Seitenansicht im tiefen Bunker

Entfernung zur Fahne ca. 10–15 m

- Schulterbreite Standposition einnehmen. Dabei muß der Ball zwischen Standmitte und Höhe der linken Ferse liegen.
- Griffende zeigt auf einen Punkt etwas links des Bauchnabels.
- Hände umschließen die Griffmitte in neutraler Position.
- Schlagfläche ist stark geöffnet.
- Körpergewicht zu 80% auf das linke Bein verlagern.

- Ruhig ausholen.
- Eine dreiviertel Ausholbewegung ausführen und dabei die Handgelenke früh anwinkeln.
- Gewicht auf dem linken Bein belassen.
- Die Abschwungbewegung ruhig einleiten, dann aber den Schlägerkopf mit voller Beschleunigung durch den Sand schwingen.
- Körper auf das linke Bein drehen und den Schläger voll ausschwingen lassen.

Seitenansicht im tiefen Bunker

- Standlinie auf einen Punkt 4–6 m links der Fahne ausrichten.
- Die stark geöffnete Schlagfläche wird auf einen Punkt rechts der Fahne ausgerichtet (ca. 1–2 m).

- Eine normal nach innen verlaufende Ausholbewegung ausführen.
- Eine Handvoll Sand kräftig in Richtung des Grüns schlagen.
- Der Durchschwung muß mindestens so weit sein wie die Ausholbewegung.

Bunkerschläge bis ca. 50 - 60 m Entfernung

- Schulterbreite Standposition einnehmen. Dabei muß der Ball zwischen Standmitte und Höhe der linken Ferse liegen.
- Schlagfläche rechtwinklig (square) zum Ziel ausrichten.
- Gewicht zu 60 % auf das linke Bein verlagern.

- Eine dreiviertel Ausholbewegung ruhig ausführen.
- Gewicht auf dem linken Bein belassen.
- Mit voller Beschleunigung durch den Sand schwingen.
- Durch die natürliche Linksdrehung der Unterarme schließt sich die Schlagfläche.
- Körper dreht komplett auf das linke Bein.
- Rechte Schulter zeigt zum Ziel.
- Arme und Schläger schwingen ruhig bis zum Durchschwungende aus.

Lange Bunkerschläge

Frontal-/Seitenansicht

- Ein bis zwei Schlägernummern niedriger wählen.
- Breite Standposition einnehmen. Der Ball muß rechts der Standmitte liegen.
- Gewicht zu 60% auf das linke Bein verlagern.
- Schlagfläche rechtwinklig zum Ziel ausrichten.
- Schlägergriff 1–2 cm kürzer greifen.

- Ruhige, vollständige Ausholbewegung ausführen.
- Gewicht auf dem linken Bein belassen.
- Langsam die Vorwärtsbewegung einleiten und anschließend mit voller Beschleunigung durch den Sand schwingen.
- Zuerst wird der Ball getroffen, dann der Sand.
- Vollständig ausschwingen.

Lange Bunkerschläge

Seitenansicht

- Standposition und Körper links des Ziels ausrichten. Je länger der Ballflug, umso stärker muß die Ausrichtung nach links sein.

Gleichmäßige Sandmenge wegschlagen

- Zwei parallele Linien, quer zum Grün verlaufend, mit dem Schlägergriff im Sand markieren.
- Der Abstand der beiden Linien zueinander beträgt ca. 15 – 20 cm.

- Standposition am Anfang der Linien einnehmen.
- Linie 1 zeigt zur Standmitte.
  Linie 2 zeigt auf den linken Fuß.

- Ruhige, dreiviertel Ausholbewegung ausführen.
- Den Sand zwischen den beiden Linien in Richtung des Grüns schlagen.
- Der Schläger soll in Linie 1 in den Sand eintauchen und in Linie 2 austreten.

Übungsziel

Es soll ein Gefühl dafür entwickelt werden, den Schläger kontinuierlich in die gleiche Sandstelle eintauchen zu lassen und immer die gleiche Sandmenge in Richtung des Grüns zu schlagen.

Titleist
JORG

Frühes Anwinkeln

- Standposition im Bunker beziehen, Golftasche in ca. 2m Entfernung zur rechten Körperseite aufstellen, Holz oder langes Eisen dem Spieler zugewandt schräg an die Golftasche lehnen.
- Der Schläger steht richtig, wenn man das Gefühl hat, als hielte man rechts des Körpers einen Regenschirm nach oben.

Titleist
JORG

Titleist
JORG

Frühes Anwinkeln

- Zu Beginn der Ausholbewegung Handgelenke anwinkeln, so daß die Sand-Wedge den an die Golftasche gelehnten Schläger nicht berührt.
- Schlägerkopf steil nach oben schwingen. Das Ende der Ausholbewegung ist erreicht, wenn der linke Arm parallel zum Boden steht.

Übungsziel

Schlägerkopf steil nach oben schwingen, um im Durchschwung wiederum ein steiles Eintauchen in den Sand zu erzielen.

Distanzübung

- Drei zusammengefaltete Handtücher oder Schlägerschutzhauben im Abstand von je 3–4 m auf das Grün legen.
- Standposition am Ball beziehen.
- Bälle abwechselnd zu den verschiedenen Handtüchern schlagen.

Übungsziel

Es soll ein Schwunggefühl für die verschiedenen Distanzen erlangt werden.

SCHRÄGLAGEN

SCHRÄGLAGEN

Das Spiel aus verschiedenen Schräglagen

In einer Golfrunde findet der Spieler den Ball häufig in einer Lage vor, die nicht optimal ist. Im Grunde genommen ist es nicht schwierig, den Ball aus diesen Lagen zum Ziel zu schlagen, wenn man seine Grundhaltung an die jeweilige Situation anpaßt. Um den Ball in den Schräglagen gut zu treffen und zum Ziel zu bringen, müssen bestimmte Punkte beachtet werden, die einen ausbalancierten, lockeren Golfschwung ermöglichen. Zunächst ist eine stabile Standposition einzunehmen, um beim Schlag nicht das Gleichgewicht zu verlieren. Die Körperhaltung und die Standposition zum Ball sind der Hanglage entsprechend anzupassen. Bei der Durchführung des Schwungs sollte man seine ursprüngliche Schwungidee beibehalten und nicht versuchen, den Ball durch zusätzliche Kompensationen im Schwung in eine gerade Flugbahn zu zwingen. Deshalb ist es wichtig, daß der Spieler die durch die Schräglage entstehende Flugkurve einkalkuliert und seinen Körper und die Schlagfläche entsprechend anders ausrichtet, damit der Ball sein Ziel erreicht.

Das Trainieren in Schräglagen

Zu Beginn sollte man sich Schräglagen suchen, die ca. 60 bis 80 m vom Ziel entfernt sind und mit kurzen Eisen – 8 oder 9 – halbe bis dreiviertel Schwünge ausführen. Das Tempo sollte etwas niedriger sein als in der Ebene. Der Gleichgewichtssinn gewöhnt sich an die Schräglage und ein Aufrichten des Körpers wird verhindert. Das Übungsziel ist, sich einen ausbalancierten Schwung anzutrainieren. Hat sich ein gutes Gefühl für den Schwung entwickelt, sollte die Entfernung zum Ziel in Schritten von jeweils 20 m vergrößert werden. Es ist wichtig, sich dabei an die entstehenden Flugkurven zu gewöhnen.
Bei Bergauf- oder Bergablagen ist besonders darauf zu achten, inwieweit sich die Fluglänge und das Rollverhalten des Balls bei entsprechend gewähltem Schläger verändern. Für Spieler, die zu einer zu flachen (steilen) Schwungebene neigen, empfiehlt es sich, häufig Schwünge in Hanglagen durchzuführen, bei denen der Ball unterhalb (oberhalb) der Füße liegt. Diese Lage erzwingt einen steileren (flacheren) Schwungverlauf.

Das Verhältnis der Schulterlinie zur Bodenebene
bleibt immer gleich.

Bergauflage

Flugeigenschaften

Der Ball tendiert zu einer höheren Flugkurve und bleibt nach dem Auftreffen schnell liegen. Die Flugweite verkürzt sich.

- Ein bis zwei Schlägernummern niedriger wählen als bei gleicher Distanz in der Ebene.
- Breite Standposition einnehmen.
- Gewicht zu 80% auf das rechte Bein verlagern.
- Schulterebene der Bodenebene anpassen.

Ruhig und rhythmisch ausholen und durchschwingen.

Bergablage

Flugeigenschaften

Der Ball tendiert zu einer flachen Rechtskurve und rollt nach dem Auftreffen etwas weiter aus. Die Flugweite vergrößert sich.

- Ein bis zwei Schlägernummern höher wählen als bei gleicher Distanz in der Ebene.
- Breite Standposition einnehmen.
- Körper links des Ziels ausrichten.
- Gewicht zu 80% auf das linke Bein verlagern.
- Der Ball liegt näher am rechten Fuß.
- Schulterebene der Bodenebene anpassen.

Ruhig und rhythmisch ausholen und durchschwingen.

Ball liegt unterhalb der Füße

Flugeigenschaften

Der Ball tendiert zu einer Rechtskurve und rollt nach dem Auftreffen leicht nach rechts aus. Die Flugweite verkürzt sich durch die Rechtskurve.

- Eine Schlägernummer niedriger wählen als bei gleicher Distanz in der Ebene.
- Schulterbreite Standposition einnehmen.
- Körper links des Ziels ausrichten.
- Gewicht mehr auf die Hacken verlagern.
- Oberkörper tiefer zum Ball beugen.

Ruhig und rhythmisch ausholen und durchschwingen.

Ball liegt oberhalb der Füße

Flugeigenschaften

Der Ball tendiert zu einer Linkskurve und rollt nach dem Auftreffen leicht nach links aus.

- Gleiche Schlägernummer wie in der Ebene wählen.
- Schulterbreite Standposition einnehmen.
- Körper rechts des Ziels ausrichten.
- Gewicht auf die vorderen Fußhälften verlagern.
- Oberkörper mehr aufrichten.
- Schläger ca. 5 cm kürzer greifen.

Ruhig und rhythmisch ausholen und durchschwingen.

Bergauflage

Flugeigenschaften

Der Ballflug ist hoch und kurz.

- Schulterbreite Standposition einnehmen.
- Der Ball liegt näher am linken Fuß.
- Schulterebene der Bodenebene anpassen.
- Schläger kurz greifen.
- Schlagfläche rechtwinklig (square) zum Ziel ausrichten.
- Gewicht zu 80% auf das rechte Bein verlagern.

- Ruhige, dreiviertel Ausholbewegung ausführen.
- Kräftig durch den Sand schwingen. Der linke Arm und der Schlägerschaft bilden eine Linie (nicht löffeln).
- Schläger ausschwingen lassen.

Bergablage

Frontal-/Seitenansicht

Flugeigenschaften

Der Ball tendiert zu einer flachen Flugbahn und rollt nach dem Auftreffen weiter aus.

- Breite Standposition einnehmen.
- Körper links des Ziels ausrichten.
- Schulterebene der Bodenebene anpassen.
- Schläger ca. 3 cm kürzer fassen.
- Schlagfläche sehr stark öffnen.
- Der Ball liegt nahe am rechten Fuß.
- Gewicht zu 80% auf das linke Bein verlagern.

- Ruhige, dreiviertel Ausholbewegung ausführen.
- Schläger mit hoher Geschwindigkeit durch den Sand schwingen. Der linke Arm und der Schlägerschaft bilden eine Linie (nicht löffeln).
- Schläger ausschwingen lassen.

Seitenansicht der Bergablage

Ball liegt unterhalb der Füße
Frontal-/Seitenansicht

Flugeigenschaften
Der Ball fliegt nach rechts und rollt nach dem Auftreffen leicht nach rechts aus.

- Schulterbreite Standposition einnehmen.
- Körper links des Ziels ausrichten.
- Oberkörper tiefer zum Ball beugen.
- Gewicht mehr auf die Hacken und auf das linke Bein verlagern.
- Schläger normal greifen.
- Schlagfläche leicht öffnen.
- Der Ball liegt näher am linken Fuß.

Ball liegt unterhalb der Füße

Frontalansicht

- Ruhige, dreiviertel Ausholbewegung ausführen.
- Schlägerkopf mit voller Beschleunigung durch den Sand schwingen.
- Schläger ausschwingen lassen.

Ball liegt unterhalb der Füße

Seitenansicht

Ball liegt oberhalb der Füße

Flugeigenschaften

Der Ball fliegt nach links und rollt nach dem Auftreffen leicht nach links aus.

- Schulterbreite Standposition einnehmen.
- Körper rechts des Ziels ausrichten.
- Oberkörper mehr aufrichten.
- Gewicht mehr auf die vorderen Fußhälften und auf das linke Bein verlagern.
- Schläger ca. 5 cm kürzer greifen.
- Schlagfläche leicht öffnen.
- Der Ball liegt näher am linken Fuß.

Ruhig und rhythmisch ausholen und durchschwingen.

TROUBLE SHOTS

TROUBLE SHOTS

Trouble Shots (Schwierige Lagen)

Um einen Schlag aus einer schwierigen Lage erfolgreich auszuführen, muß der Spieler über die Fähigkeit verfügen zu improvisieren und seine Grundhaltung durch entsprechende Veränderungen an die jeweilige Situation anzupassen. Eine positive Einstellung unterstützt das Gelingen eines Spezialschlags in erheblichem Maße. Sie erhöht die Konzentration des Spielers und fördert einen lockeren, unverkrampften Bewegungsablauf. In einigen Situationen, z. B. im Rough, wickelt sich beim Schlag Gras um den Schlägerschaft. Dadurch dreht sich die Schlagfläche stark nach innen, was eine enorme Verringerung des Schlagflächenwinkels (Loft) zur Folge hat. Der Ball hat erheblich weniger Rückwärtsdrall. Der Spieler muß einen kürzeren Schläger als gewöhnlich wählen und seinen Körper rechts des Ziels ausrichten. Der hohe Graswiderstand erfordert einen festeren Griffdruck. Bei Schlägen über oder unter Bäumen hindurch ist der Schläger mit dem richtigen Schlägerblattwinkel (Loft) zu wählen. Befindet sich der Ball im Wasser, auf blankem Boden oder hat er sich in den Sand eingebohrt, ist die Ballposition zum Körper für das Gelingen des Schlags von größter Bedeutung. Um den Ball um Hindernisse herum zu spielen, muß die Standposition und die Ausrichtung des Schlägerblatts verändert werden. Bei einem normalen, rhythmischen Schwungablauf erhält der Ball so den entsprechenden Seitwärtsdrall.

Trainingsanleitung

Damit sich der Spieler auf die veränderten Schwungkurven leichter einstellt, ist es sinnvoll, daß er zunächst auf der Driving Ranch mit einem Eisen 7 und einem Eisen 5 Schwünge mit halber Ausholbewegung ausführt. Um sich an die veränderte Ballposition zu gewöhnen, sollte dabei jeweils eine solche Standposition eingenommen werden, daß der Ball abwechselnd in der Standmitte bzw. auf Höhe des rechten Fußes liegt. Der Schläger muß etwas kürzer gegriffen werden als gewöhnlich. Ziel des Schwungs ist die Ausführung einer ausbalancierten, harmonischen Bewegung. Wenn in einer Trainingsrunde schwierige Ballagen auftreten, ist es zu empfehlen, als zusätzliche Übung zwei bis drei Bälle nachzuschlagen.

Putten von der Grün-Roughkante

- Pitching-Wedge wählen.
- Gleiche Körperposition wie beim Putten einnehmen.
- Schläger wie beim Putten greifen.
- Der Ball muß auf Höhe des rechten Fußes liegen.
- Schlägervorderkante an der Ballmitte ansetzen.

- Wie beim Putten in gerader Linie ausholen.
- Mit der Schlägervorderkante gegen die Ballmitte pendeln.
- Wie beim Putten auspendeln.

Chippen gegen die Graswuchsrichtung aus kurzem Rough

- Enge Standposition einnehmen.
  Dabei muß der Ball rechts außerhalb der Standfläche liegen.
- Schläger wie beim Putten greifen.
- Schlagfläche ist leicht geöffnet.

- In gerader Linie ausholen.
- Mit dem Schlägerkopf den Ball treffen und durch das Gras schwingen.

- Linker Unterarm und Schlägerschaft bilden eine Linie (Handgelenke nicht abknicken).
- Schlägerkopf pendelt ruhig in Richtung des Ziels aus.
- Schlagfläche zeigt ebenfalls zum Ziel.

Chippen gegen die Graswuchsrichtung aus mittelhohem Rough

- Schulterbreite Standposition einnehmen.
  Dabei muß der Ball näher am rechten Fuß liegen.
- Schlagfläche stärker öffnen.

Pitchen gegen die Graswuchsrichtung aus hohem Rough

- Schulterbreite Standposition einnehmen.
  Dabei muß der Ball rechts außerhalb der Standfläche liegen.
- Schlagfläche leicht öffnen.
- Bis zur halben Höhe ausholen und mit etwas festerem Griffdruck durchschwingen.

Eingebohrter Ball im Bunker

Frontal-/Seitenansicht

- Schulterbreite Standposition einnehmen.
  Dabei muß der Ball näher am rechten Fuß liegen.
- Schläger kurz greifen.
- Schlagfläche rechtwinklig (square) zum Ziel ausrichten.
- Gewicht zu 60% auf das linke Bein verlagern.

- Ruhige, dreiviertel Ausholbewegung ausführen.
- Gewicht auf dem linken Bein belassen.
- Kraftvoll in den Sand schlagen.
- Linker Arm und Schlägerschaft bilden eine Linie.
  Die Handgelenke werden nicht abgeknickt (nicht löffeln).
- Arme und Schläger ruhig ausschwingen lassen.

Eingebohrter Ball im Bunker

Seitenansicht

Pitchen über einen Bunker

Frontal-/Seitenansicht

Die Fahne steht auf dem vorderen Drittel des Grüns

- Schulterbreite Standposition einnehmen.
  Dabei muß der Ball auf Höhe der linken Ferse liegen.
- Körper links des Ziels ausrichten.
- Gewicht zu 60% auf das linke Bein verlagern.
- Schläger kürzer greifen.
- Schlagfläche stark öffnen.

- Ausholen bis der linke Arm parallel zum Boden steht.
- Handgelenke früh anwinkeln.
- Gewicht auf dem linken Bein belassen.
- Arme locker und gerade zum Ball schwingen.
- Linker Arm und Schlägerschaft bilden im Treffmoment eine gerade Linie.
- Arme und Schläger locker ausschwingen lassen.

Pitchen über einen Bunker

Seitenansicht

Kurzer Pitch - Stand im Bunker, Ball im Gras

- Schulterbreite Standposition einnehmen.
- Körper mehr aufrichten.
- Gewicht verstärkt auf die Fußballen verlagern.
- Körper rechts des Ziels ausrichten.
- Schläger kürzer greifen.
- Der Ball liegt weiter von den Füßen entfernt als in der Ebene.

- Ruhige, dreiviertel Ausholbewegung ausführen.
- Schläger durchschwingen und ruhig auslaufen lassen.

Pitchen vom blanken Boden

- Sand-Wedge wählen.
- Schulterbreite, stabile Standposition einnehmen. Dabei muß der Ball auf Höhe der Standmitte liegen.
- Schläger kürzer greifen.
- Schlagfläche leicht öffnen.
- Gewicht zu 60% auf das linke Bein verlagern.
- Körper zum Ziel ausrichten.
- Unterarme lockern.

- Ruhige, dreiviertel Ausholbewegung ausführen.
- Handgelenke leicht anwinkeln.
- Gewicht auf dem linken Bein belassen.

- Arme locker und gerade zum Ball schwingen.
- Linker Arm und Schlägerschaft bilden im Treffmoment eine gerade Linie.
- Im Treffmoment genügend Boden herausschlagen. Dabei sollten die Arme nicht verkrampfen.
- Arme und Schläger locker ausschwingen lassen.
- Hüfte und Oberkörper entspannt auf das linke Bein drehen und die schräge Haltung des Oberkörpers beibehalten.

Schläge aus dem Busch

- Etwas weniger als schulterbreite Standposition einnehmen.
- Schläger kürzer greifen.
- Schlagfläche leicht öffnen.

- Ruhige, halbhohe Ausholbewegung ausführen.
- Mit etwas stärkerem Griffdruck durchschwingen.

Schläge aus dem ‚Divot'

- Eine Schlägernummer höher wählen als gewöhnlich.
- Schulterbreite Standposition einnehmen. Dabei muß der Ball näher am rechten Fuß liegen.
- Schläger etwas kürzer greifen.

- Ruhige, volle Ausholbewegung ausführen.
- Vollständig durchschwingen.

Schläge aus dem Wasser

Frontal-/Seitenansicht

- Breite, stabile Standposition einnehmen. Dabei muß der Ball auf Höhe des rechten Fußes liegen.
- Schläger kurz greifen.
- Schlagfläche öffnen.
- Gewicht auf das rechte Bein verlagern.

- Ruhige, dreiviertel Ausholbewegung ausführen.
- Schläger kraftvoll durch das Wasser schwingen.

Schläge aus dem Wasser

Seitenansicht

- Ruhige, dreiviertel Ausholbewegung ausführen.
- Schläger kraftvoll durch das Wasser schwingen.

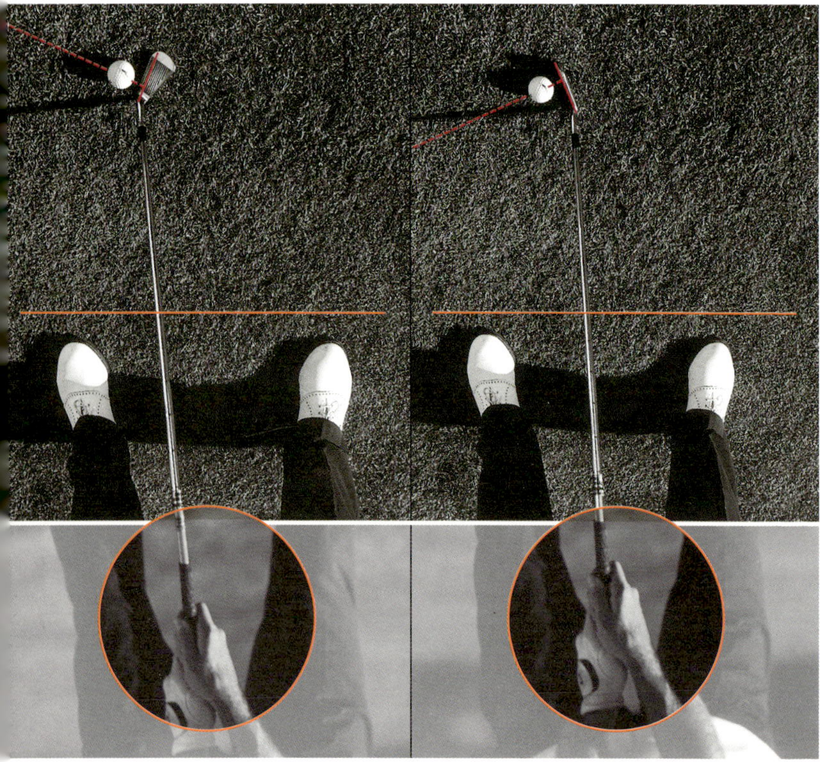

Verschiedene Schlagflächenstellungen aus der Sicht des Spielers

Griffposition bleibt gleich

1. Schlagfläche steht nach außen (geöffnet) zur Standlinie.
2. Schlagfläche steht nach innen (geschlossen) zur Standlinie.

1. Schlagfläche steht rechtwinklig (square) zur Standlinie.

Schläge über Bäume

- Sand-Wedge wählen.
- Schulterbreite Standposition einnehmen.
  Dabei muß der Ball in der Standmitte liegen.
- Körper zum Ziel ausrichten.
- Schlagfläche leicht öffnen.

- Volle Ausholbewegung ausführen.
- Kraftvoll durchschwingen.

Schläge unter Bäumen hindurch

- Eisen 4 bis Eisen 7 wählen (je nach Steigung des Ballflugs).
- Schulterbreite, stabile Standposition einnehmen.
  Dabei muß der Ball näher am rechten Fuß liegen.
- Körper leicht links des Ziels ausrichten.
- Schlagfläche rechtwinklig (square) zum Ziel ausrichten.
- Schläger kürzer greifen.
- Gewicht zu 60% auf das linke Bein verlagern.

- Ruhige, dreiviertel Ausholbewegung ausführen.
- Handgelenke leicht anwinkeln.
- Ruhig und vollständig durchschwingen.

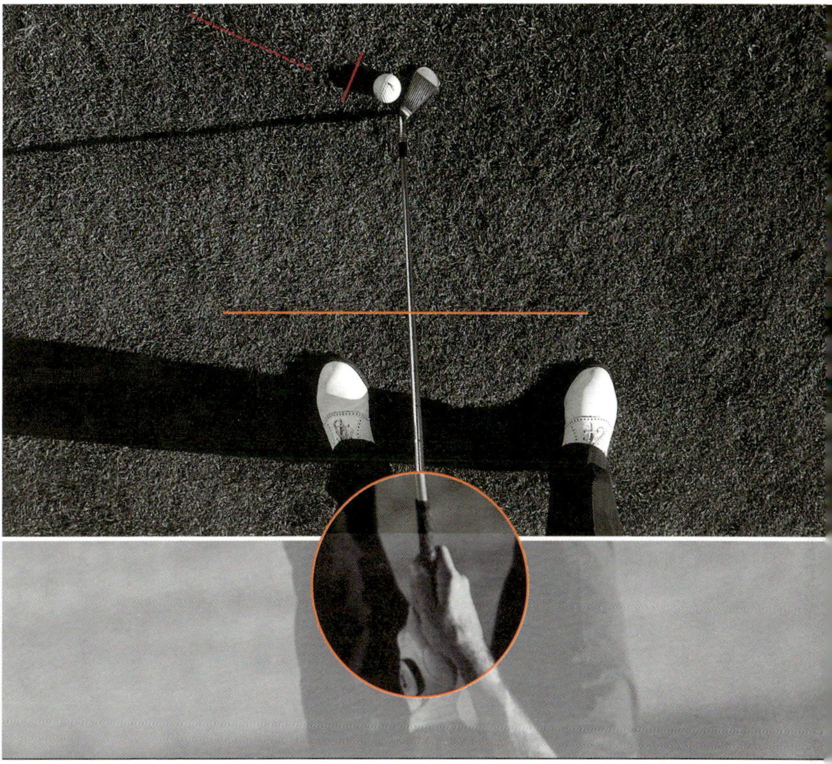

Der Ball fliegt eine Rechtskurve

- Ein bis drei Schlägernummern niedriger wählen als bei einem geraden Schlag mit gleicher Distanz. Je stärker die Kurve sein soll, umso niedriger ist die Schlägernummer.
- Schulterbreite, stabile Standposition einnehmen.
- Körper links des Ziels ausrichten. Je stärker die Rechtskurve sein soll, umso mehr den Körper links des Ziels ausrichten.
- Die Schlagfläche steht nach außen (geöffnet) zur Standlinie bei unveränderter Griffposition. Je stärker die Rechtskurve sein soll, umso mehr muß die Schlagfläche zur Standlinie geöffnet werden, d.h. nach außen stehen.

- Ruhige, volle Ausholbewegung ausführen.
- Schwungebene beim Ausholen nicht verändern.

- Ruhig und vollständig durchschwingen, als würde man in Richtung des Punkts schlagen, auf den der Körper ausgerichtet ist.
- Arme beim Durchschwung nicht verkrampfen, um die natürliche Unterarmdrehung zuzulassen.

Wichtige Anmerkung:

- Da der Ball bei einer Rechtskurve immer kürzer und höher fliegt als bei geraden Schlägen, muß dies durch die Wahl einer niedrigeren Schlägernummer ausgeglichen werden.
- Der natürliche Schwungablauf ist beizubehalten.

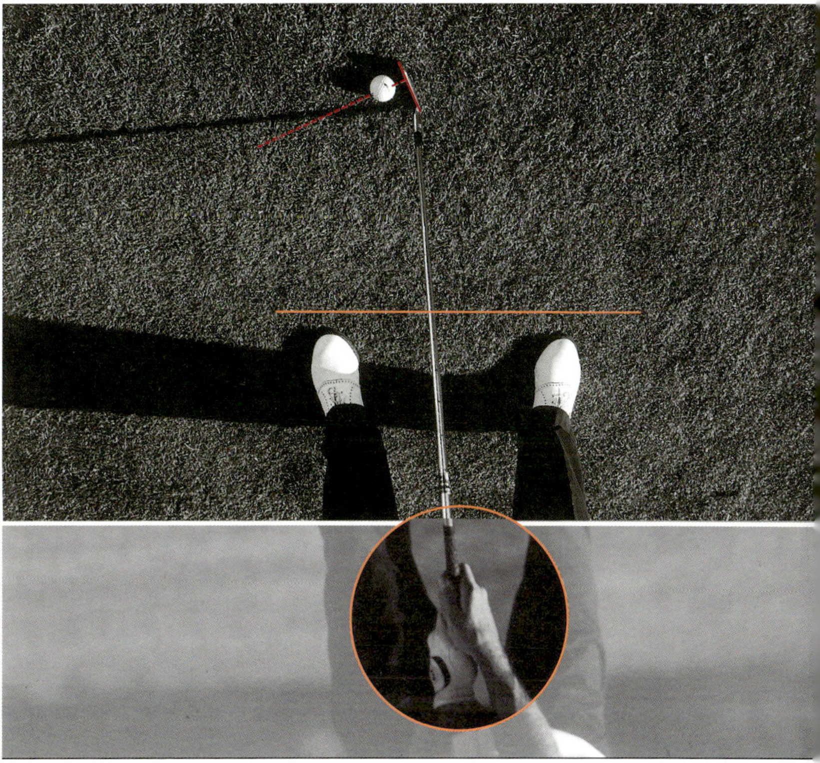

Der Ball fliegt eine Linkskurve

- Ein bis drei Schlägernummern höher wählen als bei einem geraden Schlag mit gleicher Distanz.
- Schulterbreite, stabile Standposition einnehmen.
- Körper rechts des Ziels ausrichten. Je stärker die Linkskurve sein soll, umso den Körper rechts des Ziels ausgerichten.
- Schlagfläche steht nach innen (geschlossen) zur Standlinie bei unveränderter Griffposition. Je stärker die Linkskurve sein soll, umso mehr muß die Schlagfläche zur Standlinie geschlossen werden, d.h. nach innen stehen.

- Ruhige, volle Ausholbewegung ausführen.
- Schwungebene beim Ausholen nicht verändern.

- Ruhig und vollständig durchschwingen, als würde man in Richtung des Punkts schlagen, auf den der Körper ausgerichtet ist.
- Arme beim Durchschwung nicht verkrampfen, um die natürliche Unterarmdrehung zuzulassen.

Wichtige Anmerkung:

- Da der Ball bei einer Linkskurve immer länger und flacher fliegt als bei geraden Schlägen, muß dies durch die Wahl einer höheren Schlägernummer ausgeglichen werden.
- Der natürliche Schwungablauf ist beizubehalten.

Herausgeber: Jörg Vanden Berge & Helmut Claus
Gestaltung: Marc Comes / CHBP www.chbp.com
Photographien: Helmut Claus

Bonner Straße 126, D-50968 Köln

Projektleitung: Susanne Kassung
Lektorat: Stefanie Becker
Herstellungsleitung: Detlev Scharper
Herstellung: Mark Voges
Lithografien: CDN Pressing, Verona
Druck und Bindung: Sing Cheong Printing Co., Ltd.

Printed in Hong Kong/China
ISBN 3-8290-2795-8

10 9 8 7 6 5 4 3 2 1